前ページは夕焼けのなか、快走する
「しおじ」。このページはクロ151を
ラストに11輛編成の東海道線特急。

交直両用の 481 系は北陸方面に特
急電車網を広げた。左は 1970 年
頃、彦根付近を行く「雷鳥」。上と
右は 1997 年に撮影した 481 系。

■ 最後のボンネット（特急）489系「能登」

「能登」運用の合間に「ホームライナー」として走る 489 系とすれ違うシーンを後部運転台から。上は回送の後姿。

この時刻表、表紙の素敵なこと、ひと目で気に入って手に入れた。「東京鉄道管理局」とあり、1958年12月号という以外、発行所等詳細は解らぬまま。新幹線の脇を走る左は「あいづ」。東海道線も在来線特急が残ればよかったのに。

特集 1

東海道 特急電車 151系の6年

　いまさらだが、特急電車は鉄道少年にとって最初の憧れであり、そして永遠のアイドルでもある。とはいえ、昨今の鬼面人を嚇すかのような電車群はどうも馴染めない。特急といえばずっと眺めていたくなるような、優しくも美しいフォルムであることが憧れに通じる条件であったようにも思う。

　車体色も同様だ。最初に登場してきた「こだま」の色加減といったら、どうしてあんな微妙で美しいカラーリングになったのだろう。赤とクリームの２トーン・カラー、などと書いてしまっては、あの特急電車の気品ある姿は浮かんでこない。国鉄の呼び名で赤２号＋クリーム色４号（赤はなぜか赤色ではなく、赤）、それはキハ01と同じ組合せなのだが、絶対に同じ色だとは思えない。つまるところ、色は形と組合わさって初めて効果を発揮するもののようだ。

　それにしても、クリーム色４号というのはクリームとはいうものの肌色、ベージュに近い独特のニュアンスのカラーだ。赤にしても単純な赤とはちがう。消防自動車の赤でもないし、イタリア車のロッソともちがう。

　157系など、最初は赤11号＋クリーム色４号の組合せだったが、赤のちがいだけでずいぶんイメージが異なるように感じたものだ。のちに151系と同じになって、また印象が変化した。

　さて、そんな特急電車をまとめてみようと思う。もとより国鉄時代、蒸気機関車を追い掛けていくのが本道と駆け回ったわけだが、それより前の時期は、やはり速い特急電車に憧れていた。乗る機会があれば、もうワクワクが止まらなかった。もっともその多くは、親にせがんで帰郷の折などにリクエストして乗せてもらったものなのだが。

　本格的に鉄道趣味をはじめてからも、蒸気列車の合間に特急電車がくればカメラを向けたし、幾度かは特急電車を目当てに東京駅や六郷川の鉄橋脇に立ったりもした。そうだ、「よん・ぜろ・とお」だったか、ダイヤ改正の日、定点観測のように線路端に立って来る列車くる列車、一日中カメラに収めようとしたこともあった。

　新幹線が開業して、東海道から「こだま」が消える日、最終の「こだま」で大阪に行って、初発の新幹線「ひかり」２号で帰ってくる、などという冒険もしたなあ。向日町電車区で夜を明かし、肝心の「ひかり」のなかでは疲れ果てて、けっこうな時間眠ってしまっていたような… そんないくつもの特急電車にまつわる思いが湧き上がってきた。

　いち鉄道趣味者の実体験として、そうしたもろもろを記録に残しておくのも悪いことではあるまい。

電車特急のはじまり
■ 1958 年 11 月デビュウ

● 憧れの特急電車

特急電車について、特にわれわれの憧れた車輌について書き留めておきたい。

そもそも特急電車が登場したのは、1958 年 11 月 1 日運転開始した「こだま」であった。その名も「ビジネス特急」を名乗り、東京と大阪、神戸間をそれぞれ一往復した。

その頃の特急は淡緑色の「つばめ」「はと」。最後尾に一等展望車マイテを連結し、同色に塗られた EF58 が牽引した。特別二等車を編成の半分近くも連結した、わが国を代表する格式ある特急列車。それに「配慮」をしてか、登場してきた電車特急には「ビジネス特急」の呼び名が付けられた。

その通り、速さを旨とし、その分ライトな感覚を標榜して従来の荘厳な印象さえ受ける客車特急との棲み分けを意識していることが感じられた。

編成は二等車 2 輌、半室ビュフェ 2 輌を間に挟んだ 8 両編成。つまり、クハ＋モハ＋モハシ＋サロの 4 輌を背中合わせにしたもので、サロの端面には 4 輌で回送運転できるような「簡易運転台」が設けられている。流線型二階運転台の先頭部をはじめ、独特の車体断面を持つ低く長い電車、モハの二挺パンタグラフも格好よく、もちろんお気に入りのひとつにはなったけれど、まだこの段階では、断然客車編成の「つばめ」「はと」の方が憧れの最右翼だった気がする。

'58 年 10 月ダイヤ改正　（「こだま」は 11 月 1 日運転開始）

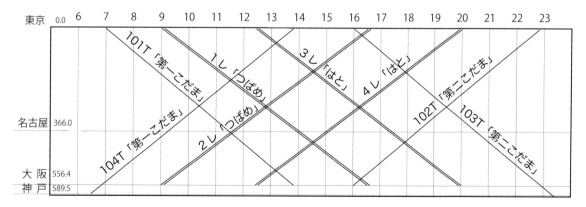

● 151系になってはじめて…

　1959年6月に型式称号の規定改正が行なわれる。どうもそれも気に入らなかったことのひとつだったようなのだが、それまでは20系と呼ばれていた。クハ26にモハ20、モハシ21、サロ25という型式はどうにも馴染めなかった。というより、クハ26001というナンバーも好きになれない。20系は阪和電鉄からの買収電車、と一覧表をつくって勉強していた当時マニアだった少年は違和感いっぱいだったものだ。やはり三桁の型式で番号との間に「-」が入ってないと。

　余談だが、153系がクハ96、モハ91奇数車＋偶数車のユニット（のちのモハ153、モハ152型だ）、サハ97、サロ95、157系がクモハ22、モハ23、サロ27、サハ28なんて、それぞれの系列のつながりも感じられず、ぜんぜん馴染めなかった。長距離電車、近郊形電車、通勤用電車などと用途まで解る三桁の型式がいい。というか「こだま」と151系はしっかりリンクしたことばになっている。

　走りはじめた特急「こだま」は東京〜大阪を6時間30分で結んだ。「つばめ」「はと」は7時間30分、その1時間の差は新たな展開を促すことになる。

　いうまでもない、「つばめ」「はと」の電車化だ。まだ、世の中の動きの原理など知ろう筈もない少年は、ただただ展望車がなくなる、淡緑色の客車が走らなくなることを悲しがったものだ。結局は体験することなく、展望車は姿を消してしまうのだから。

　それにしても151系特急の人気は素晴らしいものであった。窓は固定されているけれど、その分快適な冷房完備の列車を経験してしまうと、あとには戻れない、といった風である。シーズンオフの「日光型」157系電車を使っての臨時特急「ひびき」が登場しただけでなく、1959年12月にはこれまでの8連からモロとサハを2輛ずつ増結した12輛編成の「こだま」が暫定的にではあるが登場、その気配を見せていたのだが、それはいよいよ翌年に実現されるのである。

　もちろん世の中は歓迎一色であった。消えゆく客車特急も残しておけばいいのに… それは趣味的には可能なのかもしれないけれど、前のめりになっている発展一途の社会では認められようもなかった。

　成熟し切った最近になって、豪華観光列車が注目を集めている。あんな近未来と歴史を混ぜ込んだような車輛をつくるなら、どこかで密かに保管されていた当時の展望車をアコモデートして使ったりしたら面白いだろうなあ、などと勝手に夢想したりする始末だ。そう、「つばめ」もきっちり揃った編成よりも、ナロ10が登場してWルーフのマイテ39と連結していた晩年の姿がお気に入りの小生など、現代の編成に最後尾だけクラシカルな展望車という編成がいいなあ、と。

1959 年 6 月　型式規定変更

	登場時型式	改番後型式		輌数	合計輌数
特急用 （こだま型）	モハ 20	モハ 151	電動車（2 挺パンタグラフ）	6	
	モハシ 21	モハシ 150	ビュッフェ付電動車	6	
	サロ 25	サロ 151	二等附随車	6	
	クハ 26	クハ 151	制御車	6	24
特別準急用 （日光型）	クモハ 22	クモハ 157	制御電動車	10	
	モハ 23	モハ 156	電動車（パンタグラフ付）	10	
	サロ 27	サロ 157	二等附随車	6	
	サハ 28	サハ 157	附随車	5	31
急行準急用 （東海型）	モハ 91 奇数	モハ 153	電動車	23	
	モハ 91 偶数	モハ 152	電動車（パンタグラフ付）	23	
	サロ 95	サロ 153	二等附随車	12	
	クハ 96	クハ 153	制御車	22	
	サハ 97	サハ 153	附随車	6	86

019

● 電車特急時代の幕開け

1960年6月のダイヤ改正で、客車特急「つばめ」「はと」に代わって「第一つばめ」「第二つばめ」が走りはじめる。従来の「第一こだま」「第二こだま」と併せ、4往復の特急電車が走ることになる。このうち1往復が東京〜神戸間（102T「第一こだま」、105T「第二こだま」）で、あとは東京〜大阪間、特急「はと」の名称はこの時点で一時消滅した。

この時点での大きなニュースはクロ151とサシ151の登場だろう。いうまでもなく展望車に代わる最上級の車輌が「パーラーカー」の愛称を与えられたクロ151であり、マシ35、オシ17に代わる全室食堂車が電車として初めて具現化されたサシ151である。1m×2mという大きな窓が特徴のクロ151は、威風堂々の展望車に代わるものではなかったが、新しい豪華車輌のあり方を提言しているようで、大きなアイキャッチにはなった。

そんなことよりも、大阪側に優等車を集めた新しい編成は理屈に適ったいいものであった。モーターの音や振動が優等車向きでない、などといわれていた「モロ」がつくられ、みごとな編成美をつくり出していた。そう、これを機会に1960年6月1日から従来の三等級制が二等級制に改められ、「モロ」は一等電動客車になっていた。前年の登場時には「2」と掲げられていたドア横の二等車の表示が「1」に変えられていた。10年後にはふたたび改正されモノクラス化、優等車は「グリーン車」になる、いま振り返れば過渡期だった、という時期だ。

クロ151を先頭に、モロ、サロが並び、食堂車を挟んでモハ、サハがつづく。最初につくられていたモハシはサシと手をつないで、本格的な食事とは別に軽食ができるいいポジションを得た。この食堂車エリアは優等車とのゾーン分けにもいい役割を果たしていた。

この時期、初めて特急電車を経験した鉄道少年が、むやみに優等車ゾーンに入るのを躊躇わせる役。まあ、図々しくも好奇心が先に立つ小生など、子供であるのをいいことにカメラ片手に先頭のクロ151まで遠征をしたものだが。それでも、食堂車を境に乗客を含め雰囲気が大きく変わることを、いまだ憶えていたりする。

このときのマイナーチェンジで、先頭運転台上の前照灯が両側に予備タイフォーンを組込んだものになった。これもスタイリング的に歓迎すべきこと、であった。それにしてもクロ151、大きな窓を赤4号で囲んだことから、後方の洗面所窓部分で一段落とす処理を含め、ドアの位置関係、4人分の個室の存在、そのための窓配置など、パッケージングという点でもじつによくできている。

ただ、あまりに特別過ぎて、近寄り難いというか。最初の頃こそ、子供であることを武器に平気で見物に行けたものが、だんだんいろんなことが解ってくると、そういう存在になっていったのが、面白く思い出される。

そんなクロ151（実際はクロハ181になっていたのだが）に乗車、もちろん個室側を経験することができたのは、しばらく経ってからのことであった。

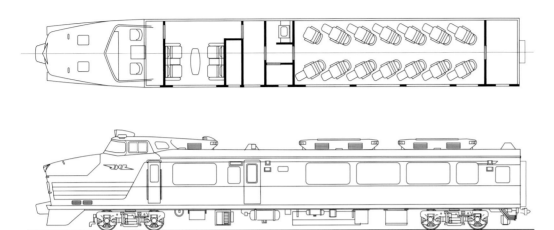

'60年6月ダイヤ改正

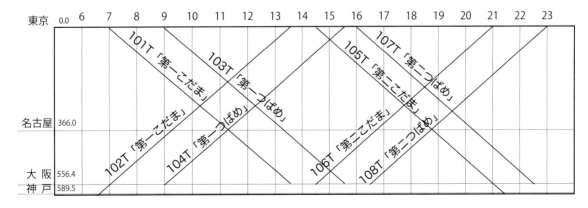

東京	0.0	6	7	8	9	10	11	12	13	14	15	16	17	18	19	20	21	22	23

101T「第一こだま」
103T「第一つばめ」
105T「第二こだま」
107T「第二つばめ」
102T「第一こだま」
104T「第一つばめ」
106T「第二こだま」
108T「第二つばめ」

名古屋 366.0
大阪 556.4
神戸 589.5

「こだま」「つばめ」が
それぞれ２往復。クロ
151 を含む 6M6T の
12 両編成。「第一こだ
ま」が東京〜神戸間、
あとは東京〜大阪間を
６時間 30 分で結んだ。

初めての電車食堂車、サシ151。下のモハシ150との取り合わせも絶妙。

● 特急電車「つばめ」の次は…

　世の中はまさに成長期。特急電車の人気は大きなものがあった。「こだま」「つばめ」につづく特急電車は…？

　まずは東海道、山陽本線の電化進捗に伴って、その恩恵を強調するかのような特急列車が登場する。1961年10月1日、倉敷電化完成を受けて、すでに電化されていた宇野線を走って四国方面への便を図った。下り「第一富士」、上り「第二富士」が東京〜宇野間を走るようになり、その運用の合間を利用して大阪〜宇野間を往復する「うずしお」も新設されたのである。つまり、朝7時に東京を出発した2001M「第一富士」は17時20分に宇野着、その足で19時10分発2010M「うずしお」として22時に大阪着。翌朝は7時大阪発の2009M「うずしお」で宇野に9時50分着、12時

40分発の2001M「第二富士」となって22時に東京に戻ってくる、という運用だ。もう一本ずつの「富士」、2003M、2004Mは東京〜神戸間で運転された。

　このときから、電車列車の列車番号は「T」から「M」になっていた。

　「つばめ」につづいて「はと」も復活する。

　同じく、運用の合間を使って東京〜名古屋間の2005M、2006M「おおとり」も登場、まさに、八面六臂の活躍、であった。それでも足りず、157系の1003M、1002M「ひびき」は不定期ではあるが「臨時特急」から「季節列車」に格上げされ、2往復が設定されたりした。食堂車や「パーラーカー」などはないものの、趣味的にみた157系の人気はひょっとすると151系に匹敵するほどの高いものがある。

'61年10月ダイヤ改正

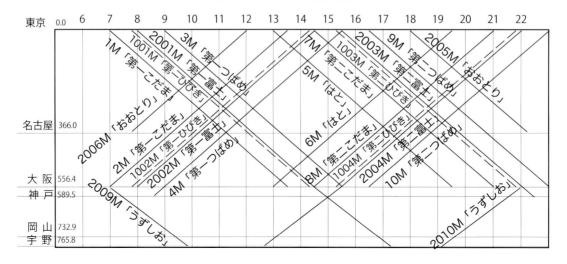

「こだま」「つばめ」に加えて宇野行の「富士」合間運用の「うずしお」など大増発。6M5Tの11両編成となる。157系によって運転される「ひびき」は、1往復が季節列車となっている。

● 東海道につづく特急電車

このように東海道筋は充実の一途だったが、「こだま」「つばめ」につづく特急電車は…？　という興味のもうひとつは、果たして東海道以外の方面に電車特急は走るのか、というものであった。すでに非電化区間にディーゼル特急も走りはじめていたから、電化されている長距離区間、というのがその候補というものだった。

それは思わぬ方向に登場してくる。まだ政治的配慮など考えも及ばぬ少年には、へーっでしかなかったのだが、1962年6月に運転開始した特急「とき」である。考えてみれば、その条件に当てはまるのはなるほど「とき」の走る区間くらいしかなかったのだが、上野〜新潟間、新潟を目指して「こだま」と同系の特急電車が走るというのは意外な気もしたのだった。

161系、ボンネット開口部に沿って赤い帯が入れられた顔付きは、漢字で小さく「朱鷺」と入れられたヘッドサインと同じくらいの小さな違和感を受けた。少し丈の短くなったスカートに、151系では長円だったスリットが丸くなっている。そのスカートに下にはスノウプラウが覗いている。

変更はスタイリングだけではなかった。勾配区間があるという上越線だけに、6M3Tという9輌編成、減速歯車比も151系の3.5から4.21へと低められ、抑速ブレーキも装備されていた。食堂車は組込まれていたものの、前後ともクハ161で趣味的興味の点では151系を超えるものではなかった。両端のクハとサシだけが付随車で、モロの2輌を含むそれ以外の6輌が全部電動車ということになる。

しかしながら、型式数を減らすことで合理化を実現した、このエコノミイともいうべき編成は、次なる展開に大きなヒントとなるのだった。

もうひとつ、同じ1962年6月10日の広島までの電化伸延により、2003M、2004Mの1往復が東京〜広島間に延長運転された。勾配区間である「瀬野八」ではEF61型の捕機が就くという変則的な運用も見られた。

この時期の特筆事項として1964年5月に発生した「静岡事故」があり、それは別項にまとめた。

027

● 新幹線のこと、151系西へ

151系が走りはじめてから6年が経過した1964年10月1日、東海道新幹線が華々しく東京〜新大阪間に開業する。

おさらいのようになるが、

・1958年11月　ビジネス特急「こだま」運転開始。
・1960年6月　「つばめ」「はと」の電車化。クロ151登場。
・1961年10月　倉敷電化で特急大増発。
・1962年6月　上越特急「とき」が新設。広島伸延。

とずっと進化してきた電車特急だが、ここで大転換が訪れるのである。

それまで6時間30分で結んでいた東京〜大阪間をその半分に短縮する計画は、まさしく画期的ではあった。当初は超特急「ひかり」が4時間、特急「こだま」が5時間で走破した。新幹線はまさしく別世界、いまや全国に新幹線網が広がり、それが普通になってしまっているが、そのはじまりが60年前のこの日、というわけだ。

それは151系特急電車にとって、東海道からの撤退を意味していた。このとき強く思ったのは、それこそ2往復くらい「在来線特急」を残して、停車駅を工夫したり、はたまた単に到着時間短縮とはちがう方向性に提案がされてもよかっただろうに、ということ。速いことはいいことだ、といわんばかりの新幹線に一本化するのでなく、別の価値が残されてもよかったのに… そんな単なる鉄道趣味人の思いは叶うはずもないのだが、時が経って新幹線の停まらない街、走らない街の過疎などを見るにつけ、いまさらに強く思ったりする。

さて、新幹線の開業とともに、東海道を走っていた電車特急は一斉に廃止、新大阪から西への連絡役を引き受けることになった。山陽本線の全線電化が完成したことから、「つばめ」「はと」の2往復が関門トンネルを通過して九州、博多まで運転されることになった。

東海道、山陽本線で8往復が走っていた151系電車特急は150輛を超える大世帯になっており、その配置転換は大きな規模になった。12輛編成12本のうち10本が新たに大阪鉄道管理局向日町運転所（大ムコ）に転属した。

2編成は東京鉄道管理局田町電車区（東チタ）に残り、改造の上「とき」増発などに充てられることになる。

九州乗入れは一時的なこととはいえ、関門トンネル区間は交直両用のEF30型、鹿児島本線内は交流電気機関車ED73型に牽引されて走る、ということになる。もちろんその区間ではパンタグラフを下げ（そのためのロックもつけられた由）、冷房その他電源を賄うためにディーゼル発電装置を搭載したサヤ420（近郊型420系交直両用電車に改造前提でつくられた）が連結された。151系も6編成が連結器カヴァを外し、引通し線を改造するなど準備が行なわれた。

そして、併行して151系、161系は改造の上、181系に型式統合されるという作業が進められた。つまり、憧れの「151系」は消滅することになるわけで、どこかあの憧れと尊敬の気持ちが薄れてしまっているのに気付いたりした。

やはり特急電車は151系に尽きる、ということなのだろうか。少なくとも趣味的にはそんな気がする。

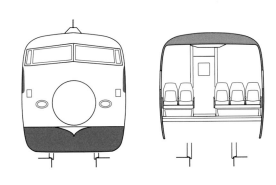

登場した東海道新幹線0系と並べて見ると、151系はひと回りコンパクト。でも視覚的には、もっと差があるような気がするが、実際に縮尺を合わせて較べるとこんな感じだ。

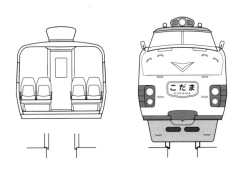

'64年10月ダイヤ改正

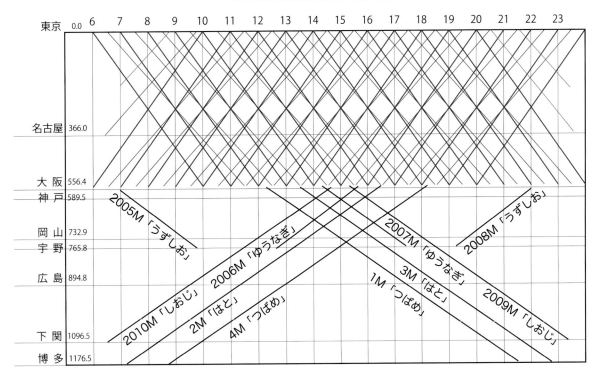

東海道新幹線開業時、東京〜新大阪間は「ひかり」「こだま」が1時間ヘッドで運転。まだ「ひかり」が4時間運転だ。151/181系は新大阪以西の運転で一部は九州に乗り入れた。

● 181系からの拡大

181系はひと回り大容量のモーターを搭載し、161系の勾配対応力と151系の快速とを両立させたもの。つまり、たとえば山陽本線「瀬野八」区間を補機なしで通過し、「とき」のスピードアップを実現した。具体的には100kWのMT46型モーターを20％アップ、120kWのMT54に換装し、減速比は151系と同じ1：3.50としたのだ。これで161系も151系と同じ速度が可能になった。

この改造工事は1964年から1966年まで、順次2年間にわたって行なわれた。またクロ151などは「とき」では使われないことから、車種変更などの改造も進められた。151系→181系はもとの番号、161系→181系は40番代、その他の改造は50番代というように区分された。

この改造によって、「瀬野八」の補機は解消され、改造を待って1965年3月から「とき」が2往復に増発、同時に6M4Tの10輌編成に増強された。

次なる特急電車は電化区間の伸延とともに、新たな展開をみせる。

1964年8月に北陸本線富山電化完成を受けて、登場するのが交直両用特急電車である。481系とされたそれは「クロ」「モハシ」などは含まれず、モハのユニット3組＋両端クハ＋4〜6号車にサロとサシ、という5型式、6M5Tの11輌編成が組まれた。当初は181系などと識別のために、スカート部分が赤塗色だった。1964年10月（運転開始は12月）、名古屋・大阪〜富山間の「雷鳥」「しらさぎ」となった。

交直両用特急電車の登場は、電気機関車牽引というイレギュラーな運転をしていた九州行「つばめ」「はと」置換え用として準備されることになる。1965年10月の鹿児島本線熊本電化で運転が開始された。北陸用と同じく11輌編成で、一括して向日町運転所に配属された。

当初はスカートが赤塗色だったが、より明確に区別するため、小さな「ヒゲ」とスカート塗り分けとされ、これは全車に実施された。これによって、電機牽引という変則運転は1年で終了する。

同じく1965年10月から東北本線盛岡電化完成、これまでの481系は西日本、60Hz交流対応だったことから、50Hz用の483系が準備された。新設されたのはモハ483＋モハ482のユニットだけで、クハ、サロ、サシは481系がそのまま増備された。この50Hz交直両用電車は「ヒゲ」とスカートがクリーム4号塗色で区別される。

そして最終的にオールマイティな存在として1968年に登場してくるのが485系である。三電源方式で、たとえばのちの大阪〜青森間「白鳥」のように日本海縦貫列車も運転可能になった。

ところで、この481系以降の交直両用電車は床下機器の増加などでフロア高さが高くされた。サイドの塗り分けが微妙に変化していることでそれと知れる。屋根上高さも120mm高くなり、どこか大きく見える気がしたのは、決して気のせいだけではなかったのだ。

1971年に加えられた碓氷峠越え対応の489系までを含め、「ボンネット特急」の時代だったのである。

1958　　　**1960**　　　**1962**　　　**1964**　　　**1966**

20系→151系
登場時の20系。
1959年6月、151
系に型式変更。

151系
「つばめ」電車化。
前照灯、連結器カ
ヴァなどが変更。

161系
上越線「とき」用。
歯車比変更。スカー
ト、「ヒゲ」が特徴。

181系
151系、161系の出
力増強、型式統合。

181系-100
「あずさ」用として
屋上前照灯なし。

481系
交直両用として北
陸線、九州乗入れ
に使用。当初の姿。

481系
50Hz用と区別す
るため塗色変更。

485系
1968年登場の三電
源方式の交直流車。

483系
東北線など50Hz
区間用の交直流車。

直流 1500V

60Hz
（西日本、九州）

交直流　25000V/1500V

50Hz
（東日本）

151系の展開

● 特急電車への「憧れ」の終着

　151 系が丸く低いとてもセンシティヴな車体で、それがまた魅力であった。最上位に位置する電車は、滅多と見られるものではない、というのも魅力に加担していたかもしれない。

　電化の伸展、それは鉄道近代化というものなのだろうが、ときとともに大きく鉄道情景は変化していった。一方で蒸気機関車がなくなり、採算のあがらない地方ローカル線が廃線になり、鉄道における上下格差は日に日に増していった。新幹線の開業は、鉄道網への考え方を根本的に覆してしまったかのような気がした。

　さて、そんななか、憧れの特急電車、151 系はいくつもの派生モデルを生み出した。一時は、各地で 151 系スタイルの特急電車を見ることができるようになった。しかし、勝手なものでそうなってくるとあの 151 系特急の持つ神秘性というか、ありがた味も希釈されてしまう、というのだから。

　右の写真を見て欲しい。1967 年 2 月に田町電車区で撮影したものである。なんだ、181 系「とき」だね？ 物識りはそう答えるだろう。しかし、ナンバーはクハ 151-6 なのである。同様に、このとき撮影したモロもサシも 151、つまり田町に残された最後の 151 系が 181 系に改造前後の姿、のようなのだ。クハ＋モロという編成になっている。

　残念ながら、そこまで気の回っていない少年時代のこと、いまだったらまちがいなくナンバー大写しの写真を撮っておくだろうに、フィルム惜しさにこんな写真しか撮っていない。いま頃になって拡大して再認識した次第だ。

　編成にクロはなく、クハ 181-56 に改造された、とあとから知ったりする。日程にはまだ疑問が残っていたりするのだが、とにもかくにも写真は残されている。

　編成も番号が揃えられ、特急編成という品格を感じていたのも、このときから崩れてしまったように思う。もちろん、蒸気機関車撮影行などの折りにでも出遇えば写真に収めるけれど、151 系を撮りに行くということはなくなった… というより、151 系そのものが改造で消えてしまったのだから。

　1970 年代に入って、登場してきた 183 系は「憧れ」の終着というようなものだったかもしれない。183 系（1972 年～：一般用）につづいて次々に登場してくる 381 系（1973 年～：振子式）、189 系（1975 年～：横軽通過用）、485 系の増備車、781 系（1978 年～：交流専用、北海道で使用開始）など同じ顔付きになった。

　のちの感覚でいうと、500 系新幹線はどこまでも恰好がいい、とくに 300 系などと並んだりすると… という感覚がそのむかしの 151 系と後続、183 系や 581 系との関係に似ている。これは感覚的なものだから、人それぞれなのだが小生は少なくとも、ここでもう特急電車への憧憬は失せた。

　いま、こうしてまとめることで、ふたたび「151 系はよかったなあ」と懐かしんだりしている。そして、記録に残しておくべき存在であったなあ、とも。まさしく頂点にあった佳き時代の特急電車、というわけである。

最後に撮影した151系は、ご覧の姿だった。1967年2月に田町電車区で撮ったものだが、ナンバーはクハ151-6。181系への改造途上だったのか、右のサロもサロ151-6の番号を付けていた。下はモロ151と153系の連結部分。車体形状のちがいが面白い。

034

東海道 151系 時代のエポック

ふたつのイレギュラー
■ 153系「こだま」とクロ150

　そもそもの原因は1964年4月24日に起きた踏切事故、であった。東海道本線草薙〜静岡間で下り「第一富士」が踏切で立ち往生していたダンプトラックと衝突、先頭車のクロ151-7が大破、廃車になってしまう。そうでなくても人気故のフル稼働をしていた151系だ。折しも半年後の新幹線開業に向けて151系予備車は九州乗入れのための改造工事に掛かっていた時期であった。予期せぬ出来事に、たちまち車輛不足に陥った。

　早速、翌日から変則運転が行なわれるようになった。

1964年4月25日〜5月6日：153系11輌編成で代用
　5月7日〜5月31日：157系9輌編成で代用
（「第2ひびき」運転取りやめ）
　6月1日〜6月30日：クハ161系＋151系
　　　　　　　　　　の12輌編成で運用。

　… といってもそんなニューズをいち鉄道好きに過ぎない少年が知る術もなく、東海型（153系のこと）が「こだま」になっているらしいぜ、という友人の噂を確かめに東京駅まで遠征した。153系は下り「第1こだま」（5M）上り「第2こだま」（2M）のスジのみ、であった。設備の差から、特急料金が割引きになっている、と聞いた。その後もずっと153系が使用されているとばかり思っていたところにもうひとつ、ニューズが伝わってきた。

どうやらクロ 151 は廃車になって、代わりのクロがつくられるらしい。新幹線の開業を控えたこの時期に、151 系の新車がつくられる。事故の余波とはいえ、想像だにできないことであった。

新登場してくるそれはクロ 151 に代わる大阪側の先頭車。一等車ではあるが「パーラーカー」ではない、というからそれまでにないスタイル、興味は俄然高まってくる。

それはサロ 150-3 を改造したクロ 150 という型式で、ナンバーも「タネ車」そのままでクロ 150-3 となった。1960 年近畿車両製で、改造は国鉄浜松工場だった由。これらのデータはのちのちになって知り得た資料によるもので、その当時はとにかく珍しい車輌、興味ある車輌はなんとかチャンスを見付けては、ぜひとも記録として残しておこうと必死だった。

で、事故から 2 ヶ月あまり経過した 1964 年 7 月 1 日、突貫工事で完成したクロ 150 を先頭にした特急が、9 月 30 日までの間、走ったのであった。

それは特急「はと」と聞いていたので、13 時ちょうどに東京駅を発車する。その前に撮影すれば… などといってもホームから観察するだけなのであるが、授業の空きを見計らって、見に行った。先頭部分をドア側につけたので、珍しい配置になったこと、運転台と一体になったクーラー部分が独特なことなどを含め、興味ある部分を真っ先に数カット。あとは室内を見て、親切な車掌さんに運転席まで見せてもらって写真を撮影した。レンズ交換もできないカメラながら、発車までを見送った。

さらに、もう一度観察に行っているということは、相当このクロ 150 が気に入っていた証拠だ。

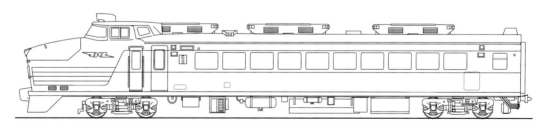

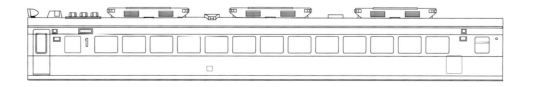

そのとき頭のなかに描いていたのは、このクロ150を連結したオール一等の特別列車。860mm幅の狭い窓がズラリと並ぶ編成美も悪くない。そのむかしの拙著に描いたことがあるのだが、もう一歩進めてW食堂車の8輛編成はいかがだろうか。

先述、クロ150の登場前の6月は、クハ161を差し出した上越線東京〜新潟間の特急「とき」には157系の予備車が動員され、クハ161＋モハ161＋モハ160の代わりにクモハ157＋モハ156＋サハ157が使用されていた。もちろん知っていたらたとえ駅ホームからでも撮影に及んでいただろうに、残念ながら実際に目にすることなしに終わった。

われれ鉄道好きには興味の的だったのだろうが、果たして一般乗客は157系を先頭にした「とき」に反応を示したのだろうか。そうしてまで、151系とほぼ同型のクハ161を召し上げるほど東海道線の特急電車は「看板」だった、といまにしてつくづく思ったりする。

クロ150は、早々に1965年3月にはクハ181-53に再改造され、わずか8ヶ月にして型式消滅してしまう。

もうひとつの特別

■ 151系の急行列車

　憧れの151系に乗ったことは、それこそ数えられるほど
でしかない。それも多くは親にねだって帰郷の際にちょっ
と奮発してもらって… というのが多かった。

　少しだけオトナになろうとしている頃、大きなイヴェン
トがあった。東京オリンピック、である。いってみれば、
新幹線もオリンピックに間に合わせる、と大号令がくだっ
ていた、と聞いた。1964年10月10日からそれに合わせて、
「オリンピック特殊往復切符」だとか記念急行券なども売り
出された。そして極めつけが急行「オリンピア」の運転だ。

　多くやってくるであろう外国人観光客を当て込んで、東
京〜熱海間に期間限定で走るという。それだけでも興味深
いのに、なんとそれには151系が充てられる、というでは
ないか。ほとんどが関西に行ってしまい、田町電車区には
151系の6番編成、8番編成の2編成が残るだけになって
いた。それを使った急行列車。前代未聞のこの列車、なん
とか乗ってみたい、と横浜駅に急いだ。

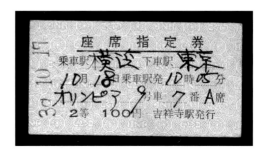

　横浜から東京まで乗ったのだが、それは時間と財布の都合によるものだ。とにかく、見たい撮りたいの好奇心がすべてである。横浜発 10 時 05 分のその列車はまるで回送列車が如く、であった。さぞやオリンピック人気で… と思ったのはまったく逆であった。

　上りの 3802M は熱海を 8 時 40 分に出発して東京へは 10 時 35 分に到着。往路の 3805M は 17 時 43 分発、19 時 17 分着、つまりオリンピックで東京にやって来た外国人などが、熱海で宿泊というモデルコースを想定しての「オリンピア」だったのだ。みごとにアテは外れ、平均乗車率 10％などという話が残っている。

　食堂車は営業中止、パーラーカーも無人で興味本位の若者（小生ですが）が独り体験乗車していた、という始末だ。

　ここでいくつかのエピソードを紹介して記録に残しておこう。運転日、10 月 10 日〜 25 日などと書いている書物も多いが、時刻表によると 10 月 3 日〜 25 日運転。「臨時列車」欄に記載されているこの列車、なぜか列車名が空欄になっている。理由は不明だが、これも、不人気だった理由ではないだろうか。なお小生の乗車した編成は下の通り。11 連と記した記事も多いが、12 輌編成だった。

ク ハ 151	モ ハ 151	モ ハ 150	サ ハ 151	サ ハ 151	モ ハ 151	モ ハ シ 150	サ シ 151	サ ロ 151	モ ロ 150	モ ロ 151	ク ロ 151
6	16	6	6	18	6	6	6	6	6	6	6

空前絶後の大旅行
■ 最終「こだま」と初「ひかり」

　先に断っておくが、まだ年端もいかない時期の情熱先行の企画、である。写真など「いまならもう少しうまく撮るのに…」ばかりで申し訳ないのだが、でも、時間のスパイスというか「当時もの」ならではの、時間に免じて許してもらえる部分もあるやも知れない。

　なにはともあれ、まだ大学にも入っていない若造時代、無謀にもどうしても名残惜しくて最終の「こだま」に乗って、翌日の新幹線「ひかり」一番列車で帰ってこようという、大冒険を実行したのだった。いかに無謀だったか、といえば泊るところも考えていない、とにかく「こだま」に乗って行き着くところまで行ってみたい、そんな思いだけだった。いまから20年近く前に一度発表したのだが、その原文の臨場感は、若かりし頃のそれに通じて面白い。ここで、再録という形で紹介させていただきたい。

　時系列でいうと、いささか前後するのだが、貴重な経験という意味で採り上げておきたいエポックな鉄道旅を敢行した。まさしく敢行ということばが相応しい、なにしろ月の小遣い500円ほどの高校生が、往復運賃3500円の特急旅をしようをいうのだから。

　それもこれも、いましかない、この瞬間しかない、という刹那感のなせる技であったか。それを武器に親を口説き落とし、前借りその他でなんとか旅費を工面した記憶がある。

　ところで、先の3500円の内訳だが、京都往復学割運賃1400円（学校の証明書を持っていくと2割引きしてもらえた）に座席指定特急券800円、新館線B特急券1300円。「新幹線B特急」というのは、当初路盤が固まりきっていないという理由で、設定の3時間10分ではなく4時間運転されたためだ。

　いま、写真撮影のためもあって、久しぶりに取り出して切符を並べた。一枚の切符でいろいろなことが思い出される、空想の世界に旅ができる。これこそが趣味の嬉しさであろう。だが、空想の旅ができるのは、実際に体験したいくつものことが自分のなかに空想世界をつくりだしているからだ。実体験なしでは空想は広がりもしないし豊かにはならない。だからいろいろなことを、ヴァーチャルではなくて本当に経験しておくのがいい、とむかし教えられたものだ。

　さて待ちに待ったその日、新幹線開業の前日、すなわち東海道在来線特急電車運転最後の日、1964（昭和39）年9月30日。

　東京発14時30分。15番線、急行「よど」が出ていったあとに「こだま」が入ってくる。クロ151-10を先頭にした12両編成。

　ホームはしかしすごいひとが出ている。われわれもすっかりお祭り騒ぎに巻き込まれて、地に足が付いていない。どうやら前方では出発式が行なわれているようだ。あとから知ったのだが、鉄道友の会東京支部主催の「お別れ式」だった。もう何重にも人垣ができていて、近寄ることすらできない。機転が利くというのか、小生は先頭クロのトイレの窓からカメラを構えて外の様子を撮影、ちょっとしたスクープ気取りだった。

　喧噪のなか、静かに最後の「第2こだま」は走りはじめた。有楽町、新橋、品川と見慣れた景色も、なにか特別に見える。ホームでカメラを構える同好の士も大勢いる。多摩川を渡る頃になってようやく落ち着いたような気がする。

　しかし、自分でいうのもなんだがドラマ性演出というか、旅のディレクションはなかなかのものだったと、いまさらに白画自賛してしまう。

　いろいろ検討した結果、時刻的には最終の「第2つばめ」にするか迷ったのだが、やはり「こだま」で往って「ひかり」で帰ってくるのがいい。そうして1964（昭和39）年9月30日の「第2こだま」、翌10月1日の「ひかり」2号が予約されたのだ。まだ、コンピュータが行き渡っていない当時のこと、わざわざ1週間前に東京駅まで買いに走っている。もしもどちらかが売り切れていたら計画はご破算。そんな焦りもあったように憶えている。

　期待通り、ドラマティックに盛り上がった気持ちのまま、横浜14時52分に発車するとスピードをぐんぐん増していく。車内を行き来するひともひっきりなし。この列車が特別な最終列車だという雰囲気はつづく。最後の食堂車なども話のタネには絶好であったが、残念ながら財布が許さない。

　しかし、最終列車ということでずいぶんサーヴィスもあった。後部運転台が鉄道好きに半ば開放状態にあったのはまたとない嬉しいことであった。高い運転台から前方に151系の

屋根がくねる様、またすれ違う列車の行き交う様を、特別の角度から堪能させてもらえた。惜しむらくは、このときにもっといいレンズ、いいカメラを持っていたなら、魅力的な角度の写真が撮れたであろうに。露出もいささかおぼつかないネガを見ながら、時の流れを恨めしく思ったりする。

　とにかくこの情景は今日が限り。すべてを目に心に焼き付けておきたいと、テンションをパンパンに張りつめて、熱海、浜松と時は流れていく。名古屋到着18時43分、3分停車。初めて先頭を外から眺められた。もうすっかりネオンが輝く時間になっている。

　終着　大阪21時ちょうど。6時間30分の「特別な旅」はひとまず終わりを告げる。先にもいったように、分不相応な大旅行である。そのしわ寄せというべきか、計画は向日町の電車区で夜を明かすというものであった。151系の最後まで見送って、在来線電車特急の余韻に浸る、といえば聞こえはいいが、要するに宿代まで捻出できなかったということでもあった。

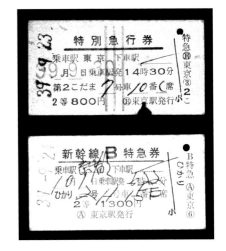

　最終日の向日町電車区。ヘッドマークが間に合わなかった
か、「こだま」のヘッドサインは無地に手書きの文字という情
けないものだった。でも、これを書いたひとはどんな思いだっ
たのだろう、だとか、最後の運転手さんは明日からはどうする
のだろう、などいろいろなことを惟みたりした。

　そうこうするうちに、2時間あとを走ってきた最後の「つば
め」も向日町に戻ってきた。しかし、夜が明けるまでの時間は
長い。どうやって過ごしたのかはっきりとした記憶はないのだ
が、友人との鉄道話はそれこそ尽きなかったんだろうな、と想
像する。夜景をいくつか撮影し、そこで忘れられない9月30
日は終わった。夜を徹して話した一夜が明ける頃、向日町駅が
開くやいなやしたことといえば、新大阪行きの一番切符を買っ

たこと。やはり「鉄」していたんだなあ、といま思い返しても
つくづく感じるのだ。熱中するものを持っていることの素晴ら
しさ。なにかに熱中した時期があったことは、こうしてひとつ
の大きな感慨となっていまも色褪せていない。

　翌10月1日、開業の日の新幹線初列車の賑わいは、もう付
け足しのようなものだった。昨日の「こだま」のような感激が
ないのは、この後「ひかり」はいつでも乗れる、という安心感
からだろうか。不思議なことに、車窓の写真はあるのだけれど、
記憶として残っているものは意外なほど少ない。新しいものよ
りも消えゆくものへの惜情の気持ちの方がはるかに大きかっ
た。時間は止まらない、そう追い込むことで憑かれたように走
り回った。そんなことだったのかも知れない。

折々に出遇った
151系の残照

1965年10月1日

■「ひばり」、「やまびこ」…

　その日はダイヤ改正の初日であった。朝から、友人と連れ立って「定点観察」をしよう、ということになった。その日のメモには66本の列車番号が記されている。特急電車についてだけを拾うと、盛岡電化完成によって上野〜盛岡間に「やまびこ」、上野〜仙台間に「ひばり」が気動車特急から電車特急として新設された。50Hz交直両用483系電車のデビュウである。

　それを捉えるために日暮里付近で朝から夕刻まで、半日以上を過ごした。もちろん安全には最大限の注意を払いつつだったが、それにしても当時の撮影は緩かったなあ、といまさらに感動してしまう。左の写真に写り込んでいるのは当日現場で遇った同好と思しき御仁。彼を含め、なん人かで声を掛けあって注意しながら撮影した。

　なにか初日の飾付けでもしているか、と期待したのだが、それは165系の急行「はるな」だけで、483系特急は通常のスタイルで通過して行った。

　その当時は、というといくつもの気動車特急、新設された「ゆうづる」、増発された「とき」などに混じって、C58の牽く成田線直通の列車もやってくる。それらの多くは尾久などに帰って行く回送と二度楽しめるのだから、まあ、飽きることなくあっという間に10時間近くを線路端で過ごした、といった風。忘れられない一日になったのであった。

056

1965年10月14日
■ 雨の向日町

　それは修学旅行の自由時間であった。折しも鉄道記念日、鉄道好き仲間で行ったところといえば、京都の梅小路機関区ともうひとつ、向日町電車区であった。そぼ降る雨のなか、梅小路では憧れの蒸気機関車 C51 型の最後の 1 輌を撮影した。梅小路までは割り勘でタクシーを奮発したが、その後は京都駅まで歩いて戻り、電車で向日町に向かった。

　許可をもらって立ち入ると、そこはかつての田町電車区よりもいっそうヴァラエティに富んで華やかな基地、といった情景が広がっていた。

　1960 年秋、「つばめ」「はと」に加えて「おおとり」なども登場して、一気に東海道本線を席巻したかのような時期。その当時の田町電車区にずらり並んだ 151 系の豪華絢爛のシーン、「国鉄写真」というようなクレジットのポスター写真風を雑誌などで見ては、思いを馳せたものだ。

　雨の向日町電車区に並んだ特急電車、「はと」は 481 系になってはいるし、151 系ももはや 181 系に改造されてはいるけれど、小雨にけむる向うにずらり並んだ特急電車は、見ることの出来なかったかつてのシーンを彷彿とさせてくれた。

　結局、このときがもっとも華やかな特急電車の集結写真を捉えたことになったようだ。

1966 年 10 月

■「あさま」のこと

　1966 年 10 月にはふたつの区間で 181 系の特急が走りはじめる。

　それを控えた 7 月のこと、中央線で通学してくる友人が、三鷹に新車がいた、という。早速帰りに寄り道をして見ると、それはピカピカの新車、181 系だった。見た途端になにか変、と思ったのは運転台上の前照灯がない。それに連結器カヴァもないのは、回送されてきたからだろうか。いや、りっぱな解放テコが付いている。

　じつはそれは 181 系 100 番代、新設される特急に使われる車輌で、いうまでもなく中央東線の「低屋根」仕様。中央線用の「あずさ」と信越線長野行「あさま」用なのであった。

10月1日から上野〜長野間に走る「あさま」は、途中横軽の碓氷峠越えではEF63型電気機関車に推されて走る。そのための連結器であった。加えて、横軽区間では最大8輛に限られるために、「あさま」はサハとサシを抜いてサロ2輛組込みの8輛編成とされた。

その当時、食堂車のない特急なんて… と話題になったりしたものだ。長野側にクハ181＋サロ181＋サロ181と付随車を集めた4M4Tの8輛編成。もちろん横軽の補機は上野側に就く。連結器もそのためのものだ。

「第一あさま」「第二あさま」の2往復、3時間30分ほどの区間だったから、食堂車はたとえ連結していたとしても、そんなに需要がなかったかもしれない。それより「峠の釜めしでしょ」などと、食堂車なしの編成もどちらかといえば肯定的に捉えられたりした。

■「あずさ」のこと

　同じ 10 月 1 日のダイヤ改正で設定されていたのだが、「あずさ」の運転開始は 1966 年 12 月 12 日から、だという。その日、授業を抜け出して初日の「あずさ」を待ち受けることにした。場所は、少し前に新設されたばかりの東小金井駅付近。

　そろそろ来る頃… 向こうからやってきた「あずさ」は日の丸をはためかせ、飾りのボードも付けられている。中央東線初めての特急電車、松本までの電化完成、その期待の大きさが現れているようだった。

　「とき」と共通運用の 6M4T、10 両編成。ちゃんとサシ 181 も組込まれている。考えてみれば中央東線もけっこうは勾配区間がある。さすが 181 系は難なく走破する。

　「とき」と共通運用で田町電車区の受持ちだったが、1969 年 7 月に 94 輌が新潟、 32 輌が長野に移動した。

061

1969年　東北本線

消えゆくのは蒸気機関車だけではなかった。旧型電機と呼ばれたデッキ付電気機関車群も終焉が近づいていた。いまのうちに… と追い掛けた時期がある。そのときの一枚。

鉄道写真には偶然の成せる技が少なくない。蒸気機関車の煙などその代表だが、こうした離合シーンも偶然に近い。手前の電機はしかも重連。幸運を感謝したものだ。

1970年 冬

　引きつづき旧型電気機関車を追い掛けて直流電化の北限、黒磯近くまで来ていた。多くが青塗色に変わった客車を牽いてやってくる「ぶどう色2号」の電気機関車。冬枯れの景色、いずれにせよ地味なカラーリングの列車が行き交うなかに、特急電車の色がいっそう華やいだ印象を与えたものだ。

　最後尾にクロ481が連結されていたのは特急「あいづ」。磐越西線の会津若松電化完成で、上野〜会津若松間を走り、食堂車を残し、先頭グリーン車1輌の6M3Tという9輌編成で運転されていた。

1971 年 冬

　たしか栃尾電鉄を撮りに行った帰り道だった。写真撮影も楽しかったが、それ以上に雪道走行をしたくて、走り回っていた頃だ。越後川口近く、信濃川の支流を渡る鉄橋を見渡せるポイント。もとより、ここが目的ではなく走る途中で見付けた場所だ。

　待つことしばし、なん本かの貨物列車が通過したあとにやって来たのは「とき」。雪景色に特急色が映えて綺麗だった。期せずして撮影できた幸運に、すっかり満足してこのまま帰途についたのだった。

1971年 春「S席」

　特急電車も気になるけれど、あまりにも鉄道の移り変わりが激しい時期であった。岡山県の軽便鉄道、井笠鉄道がこの3月で廃止になった。その前から、なん度となく通って、最後の姿を記録にとどめておきたいと往復した。

　左の「つばめ」「はと」はその前後のもの。笠岡の駅、特急電車の向こうには小さな軽便の木造客車がいたりする。

　長駆クルマを走らせたりもしたが、一度など思い付いてずっと憧れていたパーラーカーの特別室を体験した。新幹線以後、パーラーカーの利用率はうんと下がり、クロハに改造されて特別室だけが残されていた。それも料金はたったの¥500。まあ、それでもほとんど利用客はいなかったというのだから、寂しいものだ。

　「S1」席、もちろん乗客はひとりだけ。超ワイドのレンズもなく、自撮りなどという小賢しいテクニックも持ち合わせず（というよりケータイ以前だから）、はてさてどうしたものか。妙に落ち着かない時間を過ごし、記念写真一枚と右の窓からの眺めを撮って、自身の記録としたのだった。

1997 年 5 月 軽井沢

　三電源方式の 485 系が登場したあと、もうこれで完結かと思っていたところに、新しい型式が加わった。1971 年デビュウの 489 系。「横軽」碓氷峠越えに 181 系を交直両用にしたようなものだ。その登場で、信越線経由で上野〜金沢間を走る「白山」などが運転されるようになった。

　その年の 10 月には長野新幹線が開業し、横軽は EF63 どころか線路ごと消え去ってしまうという。先輩の軽井沢の別荘で一泊二日の撮影旅行。それにしても、この塗装はなんなのだろう。ボンネット特急のスタイリングの意図などまったく感じられない塗り分けに、アーティストの先輩もいたく憤慨しておられた。まったく同感だ。

2006年夏 金沢〜上野

■ 最後のボンネット特急

　もうすっかりオトナになってしまっていたというのに、最後のボンネット特急が消滅する、と聞いてはどうしても見に行っておきたくなる。嬉しいことに小学館「ラピタ」誌という「オトナの少年誌」を謳う趣味誌があって、「絶滅危惧のりもの」特集のひとつとして企画が採用された。

　151系が東海道本線から消えたとき、もう電車に対する興味は半減した。183系の顔になって、さらにはぬうううっと大きな581系が出るに及んで、あの繊細な印象のボンネット特急はもう終わった、と諦めの境地になったりしていた。

　それなのに、である、時間が経過して懐かしさとともに久々に線路端に立っている。いや、お仕事いただいたんだから… というのももちろんだがそれより以前に嬉しくなっている。好きを仕事にできているシアワセ、というものにちがいなかった。

　金沢6時26分到着の下り「能登」。朝日の低い光線のなかで、三灯の前照灯を輝かせてやってきた489系は昔日の面影を思い起こさせてくれた。いや、タイトルの「ボンネット特急」は誤植ではない。あくまでもスタイルに関して、でこの「能登」は上野〜金沢間を走る急行列車なのであった。

074

2003年9月に485系「雷鳥」のラストラン以降、ボンネット特急車輌を使った最後に残る定期列車が急行「能登」というわけだった。この当時、「能登」に使われる9輌編成3本と予備車7輌が、最後のボンネット編成だった。内訳はモハ488＋モハ489が11本、クハ489が8輌、サロ489が4輌の計34輌である。

　上り「能登」は金沢発22時15分、北陸本線、信越線、上越線を経由して上野着6時05分という夜行急行列車。489系が使われていることからも解るように、かつては横軽経由だったのだが、長野新幹線開業に伴って同区間が廃止され、上越線経由になった。したがって長岡駅で折返す、そのための運転停車を行なうという変則的な運転をされていた。まあ、いずれにせよ深夜のこと、いかにも晩年だなあという感慨はあったけれど、鉄道好きだけが知るようなことだったのかもしれない。

　乗車記を書くべく、金沢から上野まで乗車した。急行列車ということで、グリーン車はサロ489が1輌、モハ480の1輌は半室がラウンジカーになっている9輌編成だ。平日の夜行列車は空いていて、ボックス占領などという、かつての特急時代には夢のようだったコトも実現できてしまう。ラウンジでひと休みしたり、車内を歩き回るなど、興奮で眠れぬ一夜を過ごしたのだった。

　直江津で日付が変わり、ここから高崎までノンストップだ。といいつつ1時15分着長岡で運転停車。10分ほど停まってここから逆方向に走り出す。高崎25分間停車。EF64重連の貨物列車が豪快に追い抜いていった。

最初の「こだま」が登場してから40年近く。その間には「国鉄」がなくなり、新幹線と特急列車、それに中短距離の普通列車に集約されたかの如く鉄道は大きく変貌してしまった。

それはカメラについても同じだった。単にフィルムからディジタルになったというだけではない。レンズはもちろんオート・フォーカスで、いってしまえば構図だけ考えてカメラを向ければそれなりの写真ができてしまう時代だ。

上野駅に到着する「能登」を捉えたいと持ち出したのは400mmレンズ。残念ながら昔ながらのマニュアル・フォーカスだ。とても手持ちできない重量、久々に重い三脚まで出動させて、上野駅16番ホーム、行き止まりホームの端で待ち構えた。

朝6時05分、定刻で500kmあまりの長旅を終えて終着駅に姿を現わした「能登」。超望遠レンズを透した489系は、正面の絞り具合が顕著だ。この顔付きこそ151系譲りのボンネット・スタイルというものだ。

平均二割の乗車率だったという「能登」。上野駅のホームで疎らな乗客を降ろした「能登」は、そのままいったん引上げていく。その後姿を見届けて、上野駅をあとにしたのだった。

2010年3月13日で「能登」も運転終了、臨時列車として名前は残されたものの、それがボンネット特急スタイルの最後の定期列車となった。

いつまでも永遠の憧れ、「パーラーカー」
すでにクロハ 181 に成り下がっていても、その美しさは変わらない…

あとがきに代えて

　特急電車を初めて経験したのは国鉄ではなくて、小田急の「ロマンスカー」、3000系SE車であった。東京〜大阪間よりも新宿〜箱根間の方が遥かに現実的であった。ほとんどの駅を通過していく快感、見馴れた近所の駅がいつもとはちがって見える。

　それからなん年かして、憧れの151系に乗ることができた。といっても帰郷の折りに親にせがんで乗せてもらったのだが。

　一等車、パーラーカー、食堂車などが組込まれた編成の面白さはSE車とは較べものにならないほどであった。子供であることの特権を活かして、座席が温まらないほどに各車を歩き回ったのを憶えている。

　ただひとつの大きな不満は窓が開かないこと。雑誌で見ていた車輌が次々にすれ違ったり、ヤードの向こうに置かれていたりするのに、思うように写真も撮れない。旅は冷房が効くよりも車窓が楽しみ、というのはオトナには通じないこと、ちがう価値観だったのだろうか。

　それでも、興奮しっぱなしの6時間はあっという間だった気がする。

　消えゆく蒸気機関車を追いかける時でも、機会あれば特急電車に目を向けたが、やはりそれは思えば趣味「前期」というような時期だった気がする。残された写真は稚拙だったりはするけれど、写っている被写体は懐かしさだけでなく貴重だったりする。やはり、特急電車、151系は格好よかったなあ。その姿が目の奥に焼き付いているだけに、つくづく納得してしまう。

＊　　　　＊　　　　＊

　こん回151系とその後継車を特集したが、じつはもうひとつ用意していた型式がある。そう、お気づきかもしれない、特急「ひびき」として「こだま」「つばめ」を補完していた157系電車である。日光往復のデラックス準急としてつくられた「日光型」と愛称されるもの。

　趣味的にまとめるならぜひとも入れておきたかった、またの機会があるかもしれない、とここで宣言しておこう。

＊　　　　＊　　　　＊

　模型の話をさせて欲しい。古今の名作といわれる模型製品のなかで、忘れられないのが天賞堂の「こだま」だ。昨今の細密至極のスーパーディテールの模型製品から較べると、いかにもあっさりとした印象だが、実に151系の持つ繊細さをよく再現していたように思う。フル編成で揃えたら高級カメラが買えてしまう、などといわれる高嶺の花だった。

　カメラ生産よりよほど熟練職人の手がかかっているのだから当たり前だよ、といわれればその通りかもしれないが。

　そのむかしは、鉄道模型社、カワイモデル、宮沢模型といった老舗の各社が製品化、それだけ人気だったということだ。

初めて乗った特急電車、それは小田急の3000系「ロマンスカー」。窓も開いて興奮の時間だった。

左が157系の特急「ひびき」。右は天賞堂の151系模型。洋服箱ほどの大きさの「銀箱」に入った「お宝」だ。模型製品で、各型式をつくり分けるのはなかなか大変だったろうなあ。下がひかり模型製の真鍮製キット。このボンネット部分の構成はいかにも趣味人好みで、見ているだけで満足。

その当時は指をくわえるしかなかったのだが、のちのちオトナになって、ようやく手に入れられたりしている。憧れを持ちつづけた賜物というべきか。なかには、九州乗入れ時セット、と称して、ED73型電気機関車＋サヤ420を含んだセットがNゲージで出たりして、憧れ世代は当時の反動のようにまんまと「策略」に乗ってしまうのだから困ったものだ。

もうひとつ、解る人には解るキット、があった。ひかり模型製の製品。なにがといって、その先頭部分の構成がいかにも趣味人好みなのだ。まだ手つかずのままなれど、バラバラの部品を眺めているだけでも嬉しくなる。まあ、つくらない言い訳、の部分もあるかもしれないが。

＊　　　＊　　　＊

それにしても151系の時代は、鉄道が大きく発展する時期であった。われわれにとっていい時代でもあったけれど、それ以上に鉄道全体も佳き時代であった、ということを実感する。

新幹線が走るようになって、とにかく速いことだけがいいことのように仕掛けられた結果が、一点集中を生み出した。地方の鉄道網は衰退し、いまや取り戻せないほどになってしまっている。151系の時代はよかったなあ、という思いとともに、なにか大切なものが消えていってしまった、という無力感にも襲われてしまうのだ。

そんなこんなを思いながら、忘れたくない151系にはじまる特急電車を一冊にまとめた。

2024年春に

いのうえ・こーいち

081

いのうえ・こーいち　著作制作図書

● 『世界の狭軌鉄道』いまも見られる蒸気機関車　全6巻　　2018〜2019年　　メディアパル
　1、ダージリン：インドの「世界遺産」の鉄道、いまも蒸気機関車の走る鉄道として有名。
　2、ウェールズ：もと南アフリカのガーラットが走る魅力の鉄道。フェスティニオク鉄道も収録。
　3、パフィング・ビリイ：オーストラリアの人気鉄道。アメリカン・スタイルのタンク機が活躍。
　4、成田と丸瀬布：いまも残る保存鉄道をはじめ日本の軽便鉄道、蒸気機関車の終焉の記録。
　5、モーリイ鉄道：現存するドイツ11の蒸機鉄道をくまなく紹介。600mmのコッペルが素敵。
　6、ロムニイ、ハイス＆ダイムチャーチ鉄道：英国を走る人気の381mm軌間の蒸機鉄道。

● 『C56 Mogul』　C56の活躍した各路線の記録、また日本に残ったうちの40輌の写真など全記録。

● 『小海線のC56』　高原のローカル線として人気だった小海線のC56をあますところなく紹介。

● 『井笠鉄道』　岡山県にあった軽便鉄道の記録。最期の日のコッペル蒸機の貴重なシーンも。

● 『頸城鉄道』　独特の車輌群で知られる新潟県の軽便鉄道。のちに2号蒸機が復活した姿も訪ねる。

● 『下津井電鉄』　ガソリンカー改造電車が走っていた電化軽便の全貌。瀬戸大橋のむかしのルート。

● 『尾小屋鉄道』最後まで残っていた非電化軽便の記録。蒸気機関車5号機の特別運転も収録する。

● 『糸魚川＋基隆』　鉄道好きの楽園と称された糸魚川東洋活性白土専用線と台湾基隆の2'蒸機の活躍。

● 『草軽電鉄＋栃尾電鉄』永遠の憧れの軽便、草軽と車輌の面白さで人気だった栃尾の懐かしい記録。

● 『日本硫黄 沼尻鉄道』鉱石運搬につくられた軽便鉄道の晩年を先輩、梅村正明写真で再現する。

● 季刊『自動車趣味人』3、6、9、12月に刊行する自動車好きのための季刊誌。肩の凝らない内容。

著者プロフィール
　いのうえ・こーいち　（Koichi-INOUYE）
岡山県生まれ、東京育ち。幼少の頃よりのりものに大きな興味を持ち、鉄道は趣味として楽しみつつ、クルマ雑誌、書籍の制作を中心に執筆活動、撮影活動をつづける。近年は鉄道関係の著作も多く、月刊「鉄道模型趣味」誌に連載中。主な著作に「C62 2 final」、「D51 Mikado」、「世界の狭軌鉄道」全6巻、「図説電気機関車全史」（以上メディアパル）、「図説蒸気機関車全史」（JTBパブリッシング）、「名車を生む力」（二玄社）、「ぼくの好きな時代、ぼくの好きなクルマたち」「C62／団塊の蒸気機関車」（エイ出版）、「フェラーリ、macchina della quadro」（ソニー・マガジンズ）など多数。また、週刊「C62をつくる」「D51をつくる」（デアゴスティーニ）の制作、「世界の名車」、「ハーレーダビッドソン完全大図鑑」（講談社）の翻訳も手がける。季刊「自動車趣味人」主宰。株）いのうえ事務所、日本写真家協会会員。
連絡先：mail@tt-9.com

151系〜　ボンネット特急　鉄道趣味人13　「特急電車」

発行日　　2024年5月15日
　　　　　　初版第1刷発行

著者兼発行人　いのうえ・こーいち
発行所　株式会社こー企画／いのうえ事務所
　　　　〒158-0098　東京都世田谷区上用賀3-18-16
　　　　　　　　PHONE 03-3420-0513
　　　　　　　　FAX　　03-3420-0667

発売所　株式会社メディアパル（共同出版者・流通責任者）
　　　　〒162-8710　東京都新宿区東五軒町6-24
　　　　　　　　PHONE 03-5261-1171
　　　　　　　　FAX　　03-3235-4645

印刷　製本　株式会社JOETSUデジタルコミュニケーションズ

© Koichi-Inouye 2024

ISBN　978-4-8021-3461-3　C0065
2024 Printed in Japan

著者近影　　撮影：イノウエアキコ